PLAIDOIRIE

DE

Mᵉ Félix DECORI

PARIS

IMPRIMERIE CHAIX

SOCIÉTÉ ANONYME

(Succursale B), rue de la Sainte-Chapelle, 5.

—

1887

INCENDIE DE L'OPÉRA-COMIQUE

Plaidoirie de Me Félix DECORI.

MESSIEURS,

Quand le pompier André m'a fait l'honneur de me confier sa défense, j'ignorais le poids du fardeau qui m'incombait : je l'ai connu depuis. Si, d'ailleurs, j'avais pu conserver, aujourd'hui encore, quelques illusions, le réquisitoire de M. l'Avocat de la République les aurait dissipées.

Le ministère public a été sévère. Il a demandé contre André non seulement une condamnation pécuniaire — elle aurait pu être illusoire, car les pompiers ne sont pas riches ! — mais encore une peine corporelle, l'emprisonnement. La prison ! A cet homme, à ce soldat ! En vérité, il m'est impossible de croire que M. l'Avocat de la République ait songé sérieusement aux conséquences d'un pareil jugement et qu'il ait réfléchi à la situation singulièrement douloureuse de ce prévenu.

Comment donc, le 25 mai, André se trouvait-il à l'Opéra-Comique ? Y était-il venu chercher volontairement, comme les autres, une faveur, le profit, la fortune ? Non ! Il y était en soldat à son poste, poste plein de périls et de dangers, dont il pouvait être la première victime.

Si vous le frappez, combien plus différente encore sera sa situation.

Condamnés, MM. Carvalho, Varnout, Lecomte, Archambault, sortiront de cette audience comme ils y sont entrés, la tête haute. Ils pourront avoir commis une négligence, une imprudence, subi une situation ; on ne les blâmera pas, on les plaindra et nul ne s'éloignera d'eux. Condamné, au contraire, André serait un soldat qui a jeté ses armes, pris la fuite, déserté son poste devant l'ennemi, et la main de la justice en s'abattant sur lui, le déshonore et le frappe plus sûrement que la main du sous-officier qui le dégraderait. Rien de tout cela cependant n'est venu à la pensée du ministère public. Rien de tout cela ne l'a touché, ne l'a ému. Il n'a trouvé, ni avant, dans les états de service de ce soldat, ni dans sa bravoure pendant l'incendie, ni dans son héroïsme après la catastrophe, un seul élément d'atténuation, et il vient aujourd'hui vous demander contre André une condamnation assez sévère — ce sont ses propres expressions — pour servir à la fois de répression et d'exemple.

Eh bien ! puisque c'est ainsi que la question se pose, c'est ainsi que nous la discuterons.

Répression, avez-vous dit ? Nous allons voir de quelle faute. Nous allons voir quels sont les éléments de cette faute et, s'il y a responsabilité, à qui elle incombe.

Exemple, avez-vous dit encore ? Et nous allons examiner quel exemple donnerait la condamnation d'André à cette fameuse opinion publique dont le souvenir vous hante jusque dans cette enceinte de justice !

Vous comprendriez mal, Messieurs, la situation d'André, si je ne revenais rapidement sur l'état général de l'Opéra-Comique. C'est une question presque épuisée, je le sais. Aussi serai-je très bref.

Vous n'ignorez pas quelle était depuis longtemps l'opinion de tous au sujet de ce théâtre : on vous a dit ce qu'en pensait M. Ponchard qui connaissait le bâtiment de vieille date, et qui, songeant à l'incendie probable, se demandait chaque jour, sera-ce pour ce soir ?

On a rappelé à votre barre l'interpellation de **M.** Steenackers, et ce long débat à la Chambre qui causait l'hilarité de nos représentants. L'opinion de **M.** Steenackers, la voici : « A l'Opéra-Comique, l'incendie était le cauchemar de tout le monde et de tous les jours ; le théâtre n'était qu'une grande boîte d'amadou. »

Et, en effet, examinons de plus près cette situation. Il y a là une scène large de 18 mètres et profonde de 15 mètres. Entre les 7 plans de cette scène, c'est-à-dire sur une profondeur de 14 mètres, sont suspendues au plafond : 30 toiles de fond, 60 frises, 11 fermes, soit plus de 100 pièces ; je laisse de côté tous les décors et les châssis qui sont en scène. Toutes ces toiles n'avaient pas été ininflammabilisées. Sur ce point, l'ordonnance préfectorale de 1881 est restée lettre morte, et malgré le rapport de la Commission d'incendie, on n'a rien fait. Donc, si le feu éclate au milieu de toutes ces toiles, au milieu de tous ces bois secs, réduits à l'état roux et à l'état de siccité parfaite, si le feu éclate, il va se propager avec la rapidité de l'éclair, comme il se propagerait au milieu des poussières de charbon des mines ou des poussières de farine dans un moulin : ce sera une explosion.

Voilà les éléments du feu. Quant aux causes d'incendie, elles sont partout. Il y a 8 herses comprenant chacune 48 becs de gaz (le 25 mai il y en avait 5 d'allumées), c'est-à-dire 240 becs de gaz brûlant au milieu de ces toiles, si facilement inflammables, que j'ai décrites. Il y avait, en outre, la rampe qui comprend environ 140 becs de gaz, et 14 portants avec 72 becs de gaz, c'est-à-dire environ 500 becs de gaz ! Voilà les causes de l'incendie. Pour alimenter le feu, il faut du vent. Le vent ne manque pas, et il y a entre les deux côtés du bâtiment, donnant l'un rue Favart et l'autre rue de Marivaux un tel courant d'air, qu'à un moment donné, le choriste Huet dit : « Quand nous jouions en costume léger, nous avions froid en scène. » Et que Bernard a pu dire : « C'est le vent du nord qui a mis le feu à l'Opéra-Comique ». Voilà, Messieurs, les causes d'incendie. Elles sont si nombreuses que c'est miracle que le feu n'ait pas pris plus souvent, et les officiers des pompiers en sont étonnés plus que tous autres.

Depuis 25 ans, on a éteint dans les théâtres parisiens 330 commencements d'incendie ; ce qui démontre bien, soit dit en passant, la vigilance que les pompiers apportent dans leurs fonctions. Mais la vigilance ne suffit pas : il faut être présent à la minute fatale. Que dis-je, à la minute ! A la seconde ! Vous vous rappelez l'opinion du Directeur des Bâtiments civils : « Pour les pompiers, c'est une affaire de vingt secondes. » Si le feu prend... ce sera une catastrophe. Car le feu est partout, c'est l'ennemi toujours invisible, toujours caché et toujours présent. Voilà la justification du mot du colonel Couston dans l'instruction : « Les pompiers à l'Opéra-Comique étaient comme des chasseurs à l'affût d'un gibier qui allait sortir on ne sait d'où ».

Telle était la situation.

Pour lutter contre un tel ennemi, les pompiers étaient-ils armés ? Avaient-ils des moyens de défense et des moyens d'action suffisants ? Il n'y a, Messieurs, qu'une réponse à faire : Non ! Et le colonel l'a dit encore dans un autre passage de sa déposition : « Les pompiers étaient des soldats que l'on envoyait sans armes à l'ennemi ». Cette situation des pompiers, Messieurs, était si dangereuse que leurs chefs l'avaient bien compris et que, le souci de leur responsabilité les poussant, ils n'avaient pas pu ne pas signaler l'état des choses aux pouvoirs publics. Je prends dans la correspondance du régiment diverses lettres de différents colonels des pompiers qui sont absolument typiques.

Voici, tout d'abord, une lettre de M. le colonel Paris ; elle porte la date du 3 janvier 1882. Elle remonte loin, vous le voyez.

Assurer un chemin de retraite aux artistes installés du côté jardin, autrement qu'en passant par la scène.

Pour cela, tenir libre l'accès de la porte donnant rue Marivaux, au bas de l'escalier du lointain de scène de ce côté et mettre la clef à leur portée.

Ramener les mailles du rideau de fer à $0^m,03$.

Remplacer son câble métallique par un cordage combustible.

Rendre incombustibles les rideaux et les décorations fixes qui ferment l'ouverture d'avant-scène.

Rendre les décors ininflammables avant leur mise en service sur la scène.

Enlever les décors, praticables et autres accessoires, aliments de feu en cas d'incendie, qui encombrent la circulation dans les dessous et rendent le service de surveillance et même l'accès aux établissements de secours des plus difficiles au service des pompiers.

Tenir ouvertes, pendant toute la durée de la représentation, toutes les portes donnant à l'extérieur, y compris celles donnant au bas de tous les escaliers.

Supprimer les strapontins autres que ceux qui sont à l'usage des ouvreuses.

Rendre possible à la circulation du public l'escalier de fer de la salle côté cour à l'avant-scène, en vitrant les panneaux supérieurs des portes pour en permettre la vue au public et en tenant les portes avec fermeture libre de l'intérieur de la salle.

Faire recouvrir les marches d'un tapis quelconque.

Établir le grand secours, c'est-à-dire piquer sur la colonne d'eau ayant la plus forte pression de la rue Favart, pour compléter les secours contre l'incendie dans la cage de scène, une prise de 150 millimètres à faire pénétrer horizontalement dans le théâtre, à l'abri de la gelée, jusque dans les dessous de scène où elle sera mise en communication avec la couronne basse par un robinet d'arrêt. Élever ensuite cette colonne verticalement sans aucune saignée sur elle du côté cour, au trumeau, jusqu'au gril où elle se poursuivra horizontalement en suivant le milieu de la cage de scène, au-dessus du plancher du gril jusqu'au côté jardin.

Piquer, sur la partie horizontale de cette prise, 12 branchements de 41 millimètres, terminés par autant de pas de vis de même diamètre (41 millimètres) sur lesquels seront vissés 12 déversoirs destinés à inonder la scène en cas d'un gros feu de scène, qui ne pourrait pas être éteint immédiatement avec les lances des établissements de secours intérieurs.

Installer les branchements de ces déversoirs de façon que la prise puisse être remplie d'eau sans que cette eau s'échappe par les têtes d'arrosoirs ; un petit tuyau compensateur, muni d'un robinet d'arrêt, reliera à cet effet la couronne haute avec la partie horizontale de la prise des déversoirs ; un tuyau indicateur du plein, se déversant sur le toit, maintiendra la présence de l'eau à ce niveau, pour le cas où le robinet du tuyau compensateur serait laissé ouvert.

Munir la prise de 150 millimètres d'un robinet de contre-barrage, près du mur de la façade, et d'un robinet de mise en œuvre des déversoirs de facile accès, en dehors de la cage de scène, et après la mise en communication de cette prise avec la couronne basse. (Deux mois de délai pour l'exécution du grand secours.)

Le poste de sapeurs-pompiers n'est pas à hauteur du plancher de scène, mais l'installation réclamée par l'ordonnance ne pouvant recevoir de solution satisfaisante que par l'achat de la maison annexe, il restera donc dans le local actuel jusqu'à cette époque.

Rendre à la circulation du public le couloir du rez-de-chaussée sur la rue Marivaux ainsi que les passages d'accès y aboutissant, aussi bien ceux de l'intérieur de la salle que ceux donnant à l'extérieur sur la rue.

On a pu constater de nouveau les dangers sérieux et inévitables que fait courir à l'immeuble l'entassement de décors, praticables, accessoires, dans la cage de scène ; ces amas combustibles pourraient donner immédiatement à un commencement d'incendie des aliments tels qu'un véritable sinistre ne tarderait pas de menacer les spectateurs et les immeubles voisins, et la mauvaise disposition des locaux rendrait très difficile, sinon impossible, l'attaque du feu. Il n'y a aucun remède à apporter à cet état de choses, si ce n'est de reprendre les propositions antérieures du colonel des sapeurs-pompiers et d'annexer, au théâtre actuel, la maison qui y est adossée ; en effet, tous les services sont à l'étroit et il en est de même pour ceux du bâtiment de l'Administration. Aussi, apporterait-on un véritable empêchement à l'exploitation théâtrale si on exigeait de la direction le minimum de ce qui est demandé dans les autres théâtres, en exécution de l'ordonnance.

Une autre du 21 mai 1882 :

On n'ignore pas que de tous les théâtres de Paris, ce sont ceux de l'État qui sont le plus mal défendus contre le feu. La canalisation de l'Opéra et celle du Théâtre-Français sont insuffisantes. Ce dernier n'a pas, en outre, de rideau de fer ; on pourrait en dire autant de l'Odéon puisque celui qui existe ne fonctionne pas depuis le 5 décembre 1876. Ce sont là de très grosses lacunes ; mais au moins peut-on dire qu'elles ne sont que de détail, en ce sens qu'on peut y pourvoir sans toucher au gros œuvre de l'édifice. Il en est tout autrement de l'Opéra-Comique. L'exiguité de la cage de scène dont la capacité est encore diminuée par les nombreux décors que la nature de ses spectacles et l'absence à proximité immédiate d'une resserre, contraignent les directions d'y garder, l'impossibilité de se mouvoir rapidement dans les dessous, véritable fouillis de charpentes presque contiguës, le petit nombre et l'étroitesse des portes de dégagement, font de cette scène la plus dangereuse peut-être de tout Paris. L'histoire des incendies des théâtres parisiens a surabondamment démontré l'insuffisance pour les combattre des pompes à bras ; les pompes à vapeur peuvent seules venir à bout d'un pareil foyer. Or, si on veut bien considérer que les pompes à vapeur les plus rapprochées de l'Opéra-Comique auraient près de 2,500 mètres à parcourir au milieu des rues les plus populeuses de Paris, si vous tenez compte du peu de largeur des rues Favart et Marivaux, vous comprendrez certainement que si un feu éclatait à l'Opéra-Comique et n'y était pas éteint au bout de cinq minutes, à l'aide des secours en place, nul ne peut prévoir à quel degré d'intensité il arriverait, et quelles pourraient en être les conséquences. Je n'hésite pas à déclarer que la situation actuelle est une épée de Damoclès suspendue sur le quartier.

Voilà ce que disait M. le colonel Paris, en 1882.

En juillet 1882, M. le colonel Froidevaux, dont il n'est pas inutile de rappeler le nom dans ce procès mémorable où l'on reproche tant de fautes aux pompiers, le colonel Froidevaux établissait le devis du grand secours, des moyens pratiques de conjurer et de combattre l'incendie.

A la date du 3 avril 1886 — je passe rapidement — je trouve une autre lettre de M. le colonel Couston :

J'ai l'honneur de porter à votre connaissance un nouveau commencement d'incendie qui s'est déclaré à l'Opéra-Comique le 1er avril, à 8 heures et demie du soir, pendant la représentation.

Un bec de gaz, situé dans le premier dessous, à l'avant-scène cour, auquel on avait donné trop de flamme, a chauffé au rouge un fumivore qui a communiqué le feu à la planche supportant l'applique.

Ce commencement d'incendie a été éteint avec une éponge à main et n'a causé aucun accident.

Si je viens ainsi appeler votre attention, d'une façon particulière, sur un fait en apparence aussi peu grave que celui-ci, c'est qu'il vient à la suite d'un autre beaucoup plus grave qui a eu lieu le 20 février dernier, et qui prouve que les dangers, dans ce théâtre, ne proviennent pas seulement de vices de construction mais aussi d'un défaut de surveillance dans le personnel; en outre, il n'est pas isolé ni particulier à cette année, car, en relevant les commencements d'incendie qui se sont déclarés dans les théâtres depuis plusieurs années, on remarque que c'est l'Opéra-Comique qui en a le plus.

Il y a urgence de l'agrandir et d'abattre les immeubles qui longent le boulevard.

Le 19 mai 1887, autre lettre du colonel Couston dans laquelle il renouvelle toutes les demandes contenues dans les lettres précédentes, dont aucune n'a été exécutée, et enfin, tous les jours, sans exception, dimanches et jours fériés compris, envoi à onze heures du matin d'une note réclamant l'établissement du grand secours et le remplacement des câbles incombustibles du rideau de fer par un câble combustible. Vous voyez que nous arrivons quelques jours, je pourrais dire quelques heures avant l'incendie.

La principale de ces réclamations, Messieurs, vous le voyez, c'était le grand secours. Lorsqu'on en parlait ici, dernièrement, pendant que le directeur des Bâtiments civils faisait sa déposition, il hochait la tête : « Le grand secours! oh ! oui, c'est là, disait-il, un des desiderata des pompiers, mais, si on les écoutait, tout l'argent du budget passerait dans la défense des théâtres de Paris. »

C'est là, Messieurs, une erreur matérielle. Les pompiers n'ont pas de desiderata à produire. Il y a une ordonnance préfectorale qui enjoint de faire des réparations : ils sont membres de la Commission des théâtres, ils sont chargés de veiller aux prescriptions de cette ordonnance, ils signalent les irrégularités, c'est ce qu'ils n'ont pas cessé de faire. Soldats chargés d'un service, le colonel et le régiment ont des ordres, des consignes, émanant de la Préfecture. Sans le grand secours, ordonné d'ailleurs par l'ordonnance de 1881, l'action des pompiers dans un théâtre comme celui de l'Opéra-Comique est absolument illusoire et M. le colonel Couston l'a dit : « Sans le grand secours, la présence des pompiers dans un théâtre n'est qu'un véritable trompe l'œil ».

Mais, qu'est-ce donc, Messieurs, que ce grand secours? On l'a discuté beaucoup; on a dit que c'était quelque chose de purement théorique, que cela n'était nullement pratique et ne fonctionnait pas. J'ai parlé tout à l'heure de la lettre du colonel Froidevaux qui en établissait le devis. Le grand secours à l'Opéra-Comique, avec les ressources qu'offrait la canalisation, c'était une colonne de quinze centimètres de diamètre branchée sur les eaux de la Ville : cette colonne monte, sans aucune saignée, le long du mur de la scène, et traverse depuis le lointain jusqu'à l'avant-scène, dans sa partie supérieure. Sur cette conduite viennent se brancher latéralement d'autres conduites munies de pommes d'arrosoir. A deux ou trois points du théâtre, points très accessibles, à la loge du sergent des pompiers, notamment, se trouvent des robinets. Pour mettre le grand secours en action, il suffit d'ouvrir un de ces robinets, et alors une quantité considérable d'eau tombe subitement sur la scène. Théoriquement, le grand secours déverse 21,000 litres d'eau par minute. En tenant compte de la perte de pression par suite de ce débit considérable, en tenant compte de tous les frottements, il déverse, non plus théoriquement, mais pratiquement, 10,000 litres par minute, c'est-à-dire, sur une surface de 240 mètres carrés, quatre à cinq centimètres de hauteur d'eau. Voilà ce qu'est le grand secours. C'est, vous le comprenez, un secours absolument extraordinaire opposé à un feu extraordinaire. C'est un torrent d'eau se ruant sur un torrent de feu. C'est un fleuve sur un brasier.

Laissons donc de côté la question d'opportunité; je crois que les chiffres permettent de la trancher. Et qu'on ne nous dise pas que c'est là quelque chose de purement théorique; le grand secours est, au contraire, absolument pratique. Il fonctionne. Il fonctionne même parfois très inopinément. Ainsi, il est arrivé récemment, dans un théâtre des boulevards, qu'au moment d'une répétition, le grand secours s'est mis à jouer. Un plombier avait mis, par inadvertance, en mouvement un robinet qu'il ne connaissait pas, et les artistes qui se trouvaient en scène ont été instantanément transpercés, en même temps que les dessous étaient inondés. Pratiquement donc, le grand secours fonctionne. Mais il y a plus. Ce puissant moyen de défense a été réclamé à l'Administration des Bâtiments civils. Quand le Directeur de cette administration est venu à votre barre, je lui ai dit : « Mais, Monsieur le Directeur, les pompiers l'avaient-ils demandé? » « Oui, m'a répondu le Directeur, je crois qu'il l'ont réclamé quelques fois; il me semble que j'ai eu une ou deux réclamations entre les mains. »

Quelques fois ! C'était un singulier manque de mémoire. Le régiment de sapeurs-pompiers constatant les irrégularités, les infractions et la non-exécution de l'ordonnance préfectorale, a signalé 408 fois à l'Administration supérieure l'absence du grand secours. 408 fois ! ! On était donc surabondamment au courant de la situation.

Oh ! alors, quand j'ai cité ce chiffre éloquent, M. le Directeur des Bâtiments civils s'est retranché derrière la question d'argent : il a invoqué la pénurie du budget : « Oui, a-t-il dit, c'est vrai ! mais nous n'avions pas d'argent pour établir ce grand secours ; il faudrait des sommes considérables ; nous sommes pauvres ; nous n'avons que quelques centaines de mille francs à dépenser par an, et si nous donnions tout aux théâtres, nous n'aurions plus d'argent pour les autres monuments. » Eh bien! Messieurs, savez-vous, pratiquement, ce qu'aurait coûté le grand secours à l'Opéra-Comique ? Huit mille francs ! Quel était donc, sauf erreur, le budget de l'Opéra-Comique ? Il recevait une subvention annuelle de 300,000 francs. N'aurait-il pas été possible, au Ministère des Beaux-Arts, de prélever sur cette somme les 8,000 francs nécessaires ; que dis-je ? indispensables pour défendre pratiquement le théâtre contre l'incendie ? On ne l'a pas fait.

Mais il y a mieux, et vous allez voir que c'est une erreur, pour ne pas dire plus, de la part de la direction des Bâtiments civils, que d'arguer du manque d'argent. Il y a une autre infraction plus frappante encore, c'est celle qui concerne le rideau de fer. Il y avait, à l'Opéra-Comique, un rideau qui n'était pas réglementaire, d'ailleurs. Les mailles de ce rideau avaient 5 centimètres de diamètre, alors que l'ordonnance de 1881 exige qu'elles en aient trois ; mais peu importe. Ce rideau existait. On a beaucoup discuté en disant qu'il n'aurait servi à rien le soir de la catastrophe, qu'il aurait laissé passer l'oxyde de carbone..... Nous avons ici l'autorité du rapport médical qui croit que le rideau de fer aurait été peut-être de quelque utilité. Quoi qu'il en soit, si défectueux que fût ce rideau, il existait ; mais encore aurait-il fallu pouvoir s'en servir.

L'ordonnance de 1881, en son article 9, est absolument formelle. Le rideau de fer doit être soutenu par des cordages combustibles et c'est là, Messieurs, vous le comprenez, une prescription très sage. Il est évident qu'en cas de panique, personne ne baissera le rideau de fer ; il est évident que, pratiquement, à l'Opéra-Comique, le machiniste, obligé de descendre dans les dessous pour manœuvrer le treuil qui doit faire tomber le rideau, ne serait pas remonté. C'eut été un homme mort. Aussi, ne descendra-t-il pas. Il ne faut pas demander aux forces humaines plus qu'elles ne peuvent donner. Si les cordages sont combustibles, au contraire, l'incendie lui-même se charge de les brûler, ou bien le premier venu les coupe d'un coup de couteau et le rideau tombe automatiquement. Or, à l'Opéra-Comique, les cordons étaient incombustibles. Il y avait là une contravention absolument certaine. Pour remédier à cet état de choses, qu'aurait-il fallu ? Une corde ! Cela ne coûte pas bien cher, une corde ! Cinq francs, dix francs peut-être ; cela n'aurait pas ruiné le budget des Beaux-Arts. Eh bien, savez-vous combien de fois les pompiers ont réclamé ce cordon combustible? 1,203 fois ! ! On n'a jamais donné satisfaction à leurs demandes.

Ne parlons donc plus de pénurie budgétaire. Si quelque chose ressort de ces chiffres — et ils sont éloquents — je dis que c'est l'incurie, la négligence, l'inertie de l'Administration. Mais il y a plus. Ce qui le prouve, et bien mieux encore, c'est que cette situation, qui existait avant l'incendie, existe encore aujourd'hui. C'est que pour les pouvoirs publics, la terrible leçon du 25 mai de cette année a été absolument inutile ; elle n'a pas porté de fruits. A l'heure où tous les théâtres libres ont fait des dépenses considérables, à l'heure où il n'est aucun propriétaire qui n'ait dépensé 150,000 à 200,000 francs — j'en sais qui sont allés jusqu'à 300,000 francs — à l'heure où tous les particuliers se sont imposé de pareils sacrifices, l'État, l'État seul n'a rien fait.

En voulez-vous des exemples, Messieurs?

Je ne veux pas passer en revue tous les théâtres de l'État. Je me contenterai de quelques exemples. Je prends d'abord le Conservatoire. La salle du Conservatoire, si fréquentée par les familles au moment des examens, et par les amateurs de bonne musique aux jours des concerts de la Société, est complètement vermoulue ; les issues sont nulles, l'éclairage de secours illusoire, les robinets insuffisants ; il n'y a pas de rideau de fer ; les décors ne sont pas ininflammabilisés; pas de grand secours; rien. Rien qu'une menace d'incendie et rien qu'une menace de ruine. Mais elle est peu connue, cette salle, et je vais vous donner un autre et meilleur exemple.

Passons à l'Opéra, le premier des théâtres de Paris, on peut même dire de France, fréquenté, non seulement par le public parisien, mais par la foule des étrangers et par tous les visiteurs qui viennent à Paris. On le croit sûr ! Eh bien, Messieurs, à l'Opéra, je n'hésite pas à le dire, et je l'ai vu de mes yeux, la situation est absolument terrifiante. Je ne parle pas de la salle; je sais bien que des fauteuils d'amphithéâtre et du parterre personne ne sortirait vivant. C'est un détail! On n'a pour quitter les fauteuils d'amphithéâtre et le parterre qu'une issue unique, par laquelle peut à peine passer une personne de front, et cette issue aboutit à un escalier qui descend. Il est très certain — l'expérience de cet incendie le prouve — que la foule, en se précipitant, ferait tampon à la sortie et que personne ne parviendrait à s'échapper. Toutes les personnes qui seraient là, jeunes ou vieilles, agiles ou lentes, ingambes ou lourdes, seraient étouffées et tuées sur place par le coup de chaleur et par l'oxyde de carbone. Mais passons, ceci n'est rien à côté de ce qu'il me reste à dire de la scène.

Quand on pénètre sur la scène on est stupéfait de ce qu'on y voit. Il y a là un bûcher immense préparé à l'incendie. Des deux côtés de la scène, sur quatre rangs, deux à la cour et deux au jardin, les décors sont entassés, de ces énormes et immenses décors, châssis de bois encadrant des toiles peintes à l'huile, non ininflammabilisés, naturellement, qui ont 14 et peut-être 18 mètres de haut. Ils sont amoncelés là depuis l'avant-scène jusqu'au lointain, séparés non par des cloisons en maçonnerie ou en plâtre — elles localiseraient le feu et ce serait trop simple et trop prudent — mais par des poteaux en bois; et ces décors montent ainsi depuis le plancher jusqu'au dernier cintre. Voilà le bûcher. On a pris soin de mettre l'allumette dessous.

Dans les dessous, se trouve un autre amoncellement de bois gigantesques qui servent à construire le plancher de la salle les soirs de bal, et vous pouvez vous figurer, Messieurs, sans que je vous en dise le chiffre, ce qu'il peut y en avoir. Le soufflet de forge existe aussi : ce sont les portes de fer, maintenues peut être aussi par des crochets, comme à l'Opéra-Comique et qui, si le feu venait à se déclarer, souffleraient des courants d'air dont la violence activera les flammes.

Voilà les faits. Et maintenant, quand les pompiers sont appelés à combattre l'incendie, que trouvent-ils?

Il y a, à l'Opéra, 199 tuyaux jugés nécessaires pour défendre le monument. Sur 199, il en manque 112; il en reste donc 87. Sur ces 87 il y en a 67 qui sont crevés, éventrés, pourris, jetés dans les coins — je les ai vus. — De sorte que, dans cet édifice immense qui s'appelle l'Opéra, qui comprend la salle, la scène, les dépendances et les bâtiments d'administration, dans ce monument, grand comme un quartier de ville, il y a vingt lances, entendez-vous bien, vingt lances, au bout desquelles l'eau arriverait..... si elle arrivait.

Mais rassurez-vous, Messieurs, elle n'arrivera pas.

Elle n'arrivera pas, parce que le monument a 60 mètres de haut et parce que, à partir du trentième mètre, il n'y a plus une goutte d'eau. L'eau n'a pas de pression, elle ne monte pas. Il y a bien dans les cintres — on a fini par l'y établir — un réservoir alimentant des pompes à bras qui exigent un travail considérable; chacune d'elles nécessite l'action de 24 hommes. Mais ce simple réservoir durerait 7 à 8 minutes; au bout de ce temps il n'y aurait plus une goutte d'eau, et les pompiers qui seraient là, s'ils n'avaient pas éteint en 7 ou 8 minutes le brasier que vous savez, resteraient l'arme au pied, les bras croisés, inertes, attendant l'arrivée des pompes à vapeur.

Voilà la situation, Messieurs; elle est épouvantable. La connaît-on maintenant? On la connaît et surabondamment. L'Opéra a coûté aux contribuables 50 millions; il reçoit par an une subvention de 800,000 francs. Savez-vous ce qu'il faudrait pour le défendre de l'incendie? 150,000 francs! Avec ces 150,000 francs, on pourrait amener les eaux de La Villette qui monteraient jusqu'au haut de la coupole, et le monument serait défendu.

A-t-on signalé cette situation à l'Administration? On n'a pas cessé de la lui signaler depuis quinze ans, depuis que l'Opéra est en construction, et je relève sur le registre des pompiers la première lettre du colonel signalant cette situation. Cette lettre, qui date de 1872, était écrite par M. le colonel de Saint-Martin, un nom, je crois, oublié aujourd'hui des Parisiens.

Voilà la situation; elle est terrifiante, je le répète.

Il y a des coupables, Messieurs, n'est-il pas vrai? Eh bien, les coupables ce sont les pouvoirs publics, et, si je dis qu'ils manquent à leur devoir, ce n'est pas, croyez-le bien, pour récriminer; ce n'est pas pour le stérile plaisir de les prendre une fois de plus en faute. Cela n'a même plus, aux temps où nous vivons, l'attrait de la nouveauté. Mais parce que, si le feu prenait ce soir à l'Opéra, demain, le ministère public amènerait un pompier sur les bancs de la police correctionnelle. Il y a donc là une situation nette, bien établie, et vous comprenez à présent que les pompiers qu'on envoie ainsi à l'incendie sont des soldats jetés sans armes au-devant de l'ennemi.

J'éprouvais le besoin de dire cela, et vous voyez que ce n'est pas étranger à la cause, avant de défendre le pompier André.

Vous comprendrez peut-être un peu mieux maintenant sa situation à l'Opéra-Comique.

Voyons ce qu'avec ces moyens nuls, avec cette situation d'infériorité complète, contre un ennemi aussi puissant et aussi instantané que le feu, voyons, dis-je, ce qu'il a fait.

André est sur le cintre. Vous savez ce que c'est, n'est-ce pas? Vous n'êtes pas sans avoir été dans un théâtre? Sinon, vous ne seriez pas en état de juger cette affaire. Il faut avoir fait ses expertises soi-même, croyez-m'en : c'est ainsi qu'elles sont le mieux faites. André est donc sur son cintre, c'est-à-dire sur une sorte de balcon de deux mètres de largeur qui va de l'avant-scène au lointain. Il a, d'un côté, la muraille de pierre et, de l'autre, une seconde muraille de cordes, composée de tous les faisceaux de fils qui, soutenant cette masse de 100 pièces de toiles, viennent se réunir et s'enrouler autour des chevilles en croix appliquées au balcon. A côté de lui, une échelle qui monte jusqu'au faux-pont, c'est-à-dire jusqu'aux deux planches qui traversent la scène dans sa largeur. Sur ce cintre, deux établissements, l'un à l'avant-scène, l'autre au lointain. D'un côté donc cette muraille de pierre, de l'autre, toutes ces cordes qui descendent, s'enroulent, retombent et jonchent le sol, car les cordages pendent jusqu'à terre. Et très mal éclairé qu'il est par un simple bec de gaz, il a devant lui la trouée lumineuse de la scène.

André n'est pas seul : il a avec lui un machiniste, Puygelier, et son accessoire, Robin, un jeune homme, un nouveau venu dans le théâtre.

Le pompier est à son poste au moment où l'incendie éclate, mais il a son casque à la main. Ah! Messieurs, il n'y a qu'à s'incliner devant ce grief. Un pompier qui a son casque à la main est désarmé et n'est plus en état de faire son service. Mais enfin, vous oubliez qu'il y a là, dans ces cintres, une chaleur de 60 à 70 degrés! Vous oubliez que ces hommes sont autorisés à déposer leur casque et même à déboutonner leur veste! Qu'ils étouffent à un point tel, que souvent, devant la menace de la syncope et de la suffocation, ils vont ouvrir une fenêtre et respirent un peu d'air frais sur le carré. La syncope ou quinze jours de prison, car, quand un chef les prend, c'est le tarif. Mais il y en a beaucoup parmi eux qui ne résistent pas et qui, lorsqu'ils se trouvent trop incommodés , vont, au risque des quinze jours de prison, boire un peu d'air frais dans le couloir.

André avait donc son casque à la main, et cela ne nuisait pas le moins du monde à la surveillance. Mais il regardait en scène ! Il regardait le spectacle ! C'était, comme l'a fait observer malignement le ministère public, un dilettante ! Il jouissait du charme qu'on a toujours à assister à un spectacle gratuit et à entendre d'excellente musique avec un billet de faveur.

Ne plaisantons pas et ne rions pas, Messieurs. J'imagine que ce brave garçon, fils de la Savoie, menuisier de son état, doit être fort peu accessible aux délices de la musique ; j'imagine qu'après sa journée si bien remplie par les exercices gymnastiques ou militaires, si on lui avait donné le choix entre les 70 degrés de chaleur de l'Opéra-Comique et son lit de camp — tout dur qu'il soit — il aurait préféré son lit de camp, et que ce n'était pas pour son plaisir qu'il était là ; il aurait, je crois, préféré n'y pas être.

Il regardait en scène et c'était son devoir d'y regarder. Je m'étonne, Messieurs, qu'après la déposition de M. le Colonel des Sapeurs-Pompiers, l'objection puisse encore se produire et que le ministère public l'invoque encore contre André. Sa consigne, à André, c'est de surveiller la rampe, les herses, les lumières, les feux d'artifice. Pour surveiller la rampe, il faut qu'il soit au balcon et qu'il regarde en scène. Pour surveiller les herses, il faut qu'il les voie sur le plan ; quant aux portants il faut qu'il les regarde d'en bas. Le feu peut prendre partout ; il y a 38 établissements et 8 pompiers seulement ; il faut que ces 8 pompiers se partagent le service. Si vous lui aviez dit : « Le feu va prendre là », il n'aurait pas regardé ailleurs ; mais il est « comme un chasseur à l'affût d'un gibier qui va sortir on ne sait d'où » et il regarde partout, il fait son devoir, il exécute sa consigne, et je m'étonne, encore une fois, que le ministère public le lui reproche aujourd'hui. Il n'a pas à surveiller que la herse qui se trouve devant lui, il a toutes les herses ; il a la rampe, il a les portants ; vous devez bien comprendre, en effet, que les regards des pompiers sont gênés par tout cet amas de décors, par la figuration, et que chacun d'eux ne voit qu'un côté de la scène ; il faut donc que, et c'est une mesure de prudence et de bon sens, les regards de tous les pompiers convergent vers la scène. Ainsi, ne reprochez pas au pompier André d'avoir assisté à la représentation en dilettante. S'il regarde sur la scène, reconnaissons, c'est une reconnaissance de bonne foi, qu'il ne fait que remplir son devoir. Il doit donc regarder partout, et il y regarde, et il fait bien d'y regarder ; il fait si bien que c'est parce qu'il regarde qu'il s'aperçoit de l'incendie.

Comment, en effet, a-t-il connu l'incendie ? Par l'émoi des artistes, c'est sa déposition.

Si le ministère public persistait à la repousser, la déposition d'André nous importe peu, nous avons mieux : nous avons la déposition de Puygelier, ce témoin que les experts ont recueilli avec soin, et que le ministère public a recueilli bien malheureusement après les experts, car lorsqu'on se sert d'un témoin, encore faut-il le connaître, et M. l'Avocat de la République a, dans son dossier, tout ce qu'il faut pour connaître à fond Puygelier. Les experts sont des architectes; les choses de la justice leur sont assez étrangères, nous nous en sommes suffisamment aperçus ! Je n'ai pas de griefs à élever contre eux, cependant, je peux dire que, quand on se sert d'un témoin unique pour l'opposer à un homme, il faut au moins être sûr de son honorabilité et de sa moralité; or, le casier judiciaire de Puygelier vous l'avez... Il y a un fait qui prouve qu'il n'aime pas beaucoup l'uniforme, pas plus celui des pompiers que celui des gardiens de la paix. Or, on doit le respect à l'uniforme, et la justice l'a bien fait sentir à Puygelier. Voilà pour l'honorabilité du témoin, et j'ai bien le droit de relever actuellement l'incident lorsque je défends un homme comme André.

Quant à la véracité du témoin Puygelier, je m'étonne que vous puissiez y croire et invoquer son témoignage alors qu'il est, au cours de l'instruction même, convaincu de mensonge. Vous n'avez pas oublié, Messieurs, qu'il s'est produit, quelques jours avant l'incendie, un accident qui a causé des blessures graves. Une herse est tombée, qui a atteint deux danseuses. On a appelé à l'instruction Martre et Puygelier qui, lorsqu'ils ont été interrogés, ont donné une explication. Et puis, les experts sont arrivés; on a fait des constatations matérielles et quand on a rappelé les témoins et qu'on leur a dit : votre déclaration est inexacte, il leur a bien fallu reconnaître qu'ils n'avaient pas dit la vérité, il a bien fallu reconnaître ceci, ce sont les conclusions de l'expert :

« Il y a eu, dans cette circonstance, négligence de la part du brigadier du cintre, le sieur Martre, qui aurait dû veiller à la sécurité des attaches et s'assurer que tout était bien, et cette négligence lui attribue la responsabilité de l'accident qui s'est produit. Toutefois, cette négligence a été partagée par le sous-brigadier (Puygelier) et par les hommes sous ses ordres qui se servaient des appareils, qui n'ont pas vu plus que lui que les clous de la corde disparaissaient l'un après l'autre. »

Ne vous servez donc de ce témoin qu'avec beaucoup de discrétion puisqu'au point de vue de sa véracité surtout il doit être tenu pour éminemment suspect. Or, c'est l'unique témoin de l'affaire, l'unique témoin à charge contre André; il était seul, à côté de lui, dans le cintre quand le feu s'est déclaré.

Quoi qu'il en soit, Messieurs, que le sapeur André ait connu le feu, soit en voyant l'émoi des artistes quand il regardait la scène, soit quand Puygelier le lui a signalé, Puygelier qui déclare qu'il était en train de causer avec le caporal Pouzens qui s'en défend, et que je veux croire plus que Puygelier parce qu'il m'inspire plus de confiance; quoi qu'il en soit, quel était le devoir d'André? Il devait prévenir l'incendie, dit le ministère public. Oui ! c'est une théorie des experts dont M. l'Avocat de la République a hérité. Le devoir des pompiers c'est de prévenir l'incendie ! Moi, j'avais cru jusqu'à présent que c'était de le combattre au moment où ils le voyaient et non de le prévenir, car je n'aperçois pas, pratiquement, le moyen de prévenir un incendie alors qu'on ignore et qu'on ne peut savoir où et quand il doit éclater.

Il devait prévenir l'incendie parce qu'au moment où le feu se déclare la herse carbonise le décor et qu'il n'a qu'à supprimer la herse. Supprimer la herse c'est son devoir, dit le ministère public. Ceci, Messieurs, est une erreur matérielle absolue. Il n'est pas admissible qu'un pompier ait, au cours d'une représentation, le pouvoir de supprimer une herse, c'est-à-dire de nuire à l'éclairage général quand il y a un homme préposé à ce soin, le chef gazier, dans la loge duquel se trouve le jeu d'orgue, dont le maniement peut interrompre telle ou telle branche de la canalisation. C'est au gazier seul que ce soin incombe. L'unique devoir du pompier, Messieurs, il est indiqué dans sa consigne; c'est, quand il se produit une fuite, de la boucher avec du blanc de céruse s'il en a sous la main ou d'écraser le conduit avec sa hache.

Mais, me direz-vous, il y a cas de force majeure, le feu va se déclarer, il n'a qu'à fermer sa herse.

Je ne sais pas, Messieurs, comment était le robinet de la herse de l'Opéra-Comique, mais j'ai vu dans un théâtre, j'avoue que c'était un théâtre de l'État, et par conséquent il est sujet à caution, j'ai vu, dis-je, un robinet de herse. Eh bien, en réalité, ce robinet n'existait pas; il y avait bien l'amorce du robinet, une espèce de tête en fer qu'il aurait fallu manœuvrer avec une clef anglaise ou des tenailles, mais quant à l'ouvrir avec les mains c'était absolument impossible. J'ai essayé et je n'ai pas réussi; le robinet ne manœuvrait pas.

Il était donc peut-être difficile au sapeur André de faire ce qu'on lui reproche aujourd'hui de ne pas avoir fait. Et puis, pratiquement, savez-vous comment il était ce robinet? Il était recouvert par des bois; il aurait fallu que le pompier se baissât, qu'il enlevât les carrés de bois qui le recouvraient, qu'il passât la main le long de ces carrés et qu'une fois le robinet trouvé il le tournât. Or, le parquet était jonché de cordes, il aurait donc fallu se porter à l'endroit où se trouvait la prise de gaz, le débarrasser et fermer le robinet si tant est, les experts ne le disent pas et je l'ignore, qu'on put le tourner avec la main.

Mais le pompier André ne pouvait pas même se livrer à cette manœuvre; car, avant de tourner le robinet il aurait fallu qu'il vît le feu et il lui était matériellement impossible de le voir. Après ce débat, Messieurs, nous savons à peu près comment a pris le feu. Il a commencé à la partie inférieure d'une bande d'air. Il y a eu une effilochure d'une bande d'air qui a été en contact avec la herse, c'est là version de l'accusation et je la prends. L'incendie a débuté. Il y a eu une carbonisation très lente qui n'a dégagé que fort peu de fumée et pas de flamme. Il est tombé une étincelle; la personne qui l'a vue tomber était un choriste qui se trouvait en scène, il a levé les yeux immédiatement, tout le monde a levé la tête après lui et l'on a vu ce point en ignition qui commençait à s'allonger de plus en plus. Mais le pompier, lui, ne pouvait pas le voir, pas plus que le machiniste Puygelier, car, le tribunal le sait, les bandes d'air viennent s'adapter à l'endroit où la toile tombe, et c'était sur un plan inférieur au balcon sur lequel se trouvaient les deux hommes. C'était donc plus bas que leurs pieds que le feu prenait, je me trompe, que la toile commençait à carboniser et ils ne pouvaient pas la voir à travers tous ces décors parallèles qui tombent au nombre de plus de cent sur un espace de 14 mètres. C'est vous dire, Messieurs, combien ils sont serrés, rapprochés les uns des autres ; l'intervalle qui les sépare n'est pas plus de 40 centimètres et n'atteint pas quelquefois 10 centimètres. Il aurait fallu visiter l'une après l'autre toutes les tranches que présentaient ces décors, et d'abord se porter dans chaque créneau et arriver à voir le point où commençait la carbonisation. Il aurait donc fallu être prévenu que le feu prenait, on n'a pas pu l'être. C'est seulement ainsi qu'on peut expliquer que ce soient les personnes en scène qui, les premières, aient vu l'incendie. Or, à ce moment-là André regardait et c'est par l'émoi du public aussi qu'il s'est aperçu que le feu prenait.

Examinons la déclaration de Puygelier lui-même. Comment a-t-il connu le feu ? Il a senti un goût de fumée, comme il a dit, et alors qu'a-t-il fait ? Il a fallu qu'il cherchât dans cette masse de toiles celle qui commençait à carboniser. Vous n'avez pas oublié, Messieurs, sa déposition. Il a écarté les décors pour voir celui qui commençait à carboniser ; immédiatement l'air s'est introduit, l'oxygène a alimenté le feu et l'incendie a commencé. Et c'est à ce moment qu'André peut fermer la herse ? C'est inutile, n'est-ce pas ? La suppression de la cause ne supprimera pas l'effet. Les flammes ont gagné, l'incendie est allumé, il est donc inutile de supprimer la herse surtout quand le gazier est là spécialement pour cela.

Eh bien, il y a une question à examiner maintenant Combien de temps a pu durer cette période de carbonisation sans flammes ? Si vous pouvez prouver qu'elle a duré 4 ou 5 minutes, vous aurez le droit de dire que le pompier André a eu le temps de s'en apercevoir. Or, vous avez entendu Brasseur, le choriste, c'est un des premiers qui se soit aperçu du feu. Lorsque M. le Président lui a posé la question de savoir combien de temps avait duré la carbonisation sans flamme il a répondu : « Une ou deux minutes, au plus », c'est-à-dire le temps pour le feu de se propager, le temps de sentir la fumée, le temps d'écarter le décor et la flamme jaillit ! Il est donc impossible d'admettre que pendant ce temps si court, si rapide, peut-être une minute, peut-être deux, le pompier André ait pu se rendre compte qu'il y avait le feu, voir d'où provenait l'incendie, si c'était dessus, dessous, en scène ou ailleurs, et se porter à cet endroit pour fermer la herse, cela est absolument inadmissible.

Vous avez entendu M. le sous-lieutenant Gilbert quand il a dit qu'il était certain que dans cet incendie instantané et si rapide la période d'incubation avait été tellement courte qu'elle avait, pour ainsi dire, manqué totalement. C'est le fait habituel dans tous les incendies de théâtre.

Voilà donc le feu éclaté : vous comprenez maintenant qu'il n'était pas au pouvoir, si tant est qu'il ait été du devoir, du pompier de le prévenir. Mais, le feu ayant éclaté, l'a-t-il combattu ? Qu'ont fait les deux hommes qui se trouvaient au cintre, Puygelier et André ? Demandez-le à Puygelier lui-même. Voici ce qu'il a dit à l'instruction :

« Mon premier mouvement a été de donner à mon accessoire l'ordre de courir bien vite avertir mon brigadier qui se trouvait au même pont que moi, mais de l'autre côté de la scène, c'est-à-dire du côté cour, de « descendre », ce que nous appelons charger, le rideau d'avant-scène ; je pensais qu'en baissant ce rideau, on empêcherait, tout à la fois, la panique du public et le tirage par la salle : le rideau est assez épais pour offrir une résistance pendant un temps assez long, cela aurait étouffé le feu.

» Pour aller porter mon ordre il n'était pas possible à mon accessoire de passer sur le pont volant, il était dans la flamme et je n'ai vu aucun pompier s'y engager, cela était impossible : il a été obligé de faire le tour de la scène ; il a été très vite : *cela n'a duré qu'un instant.*

» Pendant ce temps-là j'essayais de mettre bas la frise en sondant avec les mains dans l'enchevêtrement de tous les fils pour trouver ceux qui pouvaient tenir la frise enflammée, mais je n'ai pas pu les trouver.

» Mon brigadier, après avoir été prévenu par mon accessoire, au lieu de charger le rideau comme je le demandais, est venu me trouver pour voir ce qui se passait : lorsqu'il est arrivé le feu s'était développé beaucoup ; il m'a dit : « *Il n'y a plus rien à faire, il faut s'en aller* ». A ce moment la fumée n'était pas encore gênante, les artistes étaient encore en scène et M. Taskin encourageait le public.

» Les deux pompiers étaient encore là, mais ils ne faisaient rien ; pour moi, pendant tout le temps nécessaire pour que mon accessoire allât prévenir le brigadier et pendant que moi-même je cherchais à mettre bas, les pompiers avaient parfaitement le temps de developper leurs établissements : je l'aurais certainement fait si cela eût été mon affaire, mais moi je devais, avant tout, une fois le pompier prévenu, m'occuper de faire tomber mon décor.

» C'est au moment où mon brigadier est arrivé que le gaz s'est éteint. Le brigadier est retourné de l'autre côté de la scène où il a trouvé, paraît-il, le sergent; quant à moi je suis remonté à l'étage supérieur, par l'escalier de cage de scène, chercher mon gilet; je suis redescendu au premier pont et je suis sorti par la porte de fer, côté jardin; elle était ouverte et maintenue par un crochet; on la laissait toujours ouverte à cause de la grande chaleur, du passage continuel du personnel qui trouve là un chemin plus court pour aller dans ses loges et du bruit qu'elle fait en se fermant; c'était comme un coup de tonnerre. »

Voilà, Messieurs, la déposition de Puygelier à l'instruction. Il en résulte que Puygelier envoie Robin son accessoire, qui a disparu, prévenir son brigadier Martre, et que, pendant ce temps, il s'occupe de savoir où a commencé l'incendie et de chercher quel est le décor qui a pris feu; c'est alors que la flamme jaillit. A l'audience, vous vous rappelez sa déposition :

« J'ai senti un goût de fumée.

» J'ai envoyé Robin chercher Martre qui était au premier cintre-cour.

» J'ai chargé la herse du 1.

» J'ai sondé les poignées, mais je n'ai pas trouvé les plafonds qui brûlaient.

» L'accessoire est revenu avec Martre, qui a dit :« Il n'y a rien à faire». La flamme ne se voyait même pas; la fumée se concentrait dans les plafonds.

» Le gaz s'est éteint quand Martre est arrivé; je suis parti. »

Et alors j'ai posé à Puygelier des questions qui pouvaient paraître avoir trop d'insistance mais qui avaient leur utilité. Je lui ai demandé s'il avait été sur le faux pont, c'est-à-dire sur ces deux planches qui traversent la scène. Il a répondu qu'il n'y avait pas été. Je lui ai demandé s'il avait pris le croissant pour essayer de faire tomber le décor, il a répondu : « Non, je n'ai fait que ce qui était dans mon service ». Voilà ce qu'a fait Puygelier : Encore une fois, il envoie chercher Martre et écarte les décors pour voir où est le feu, le feu a déjà jailli quand Martre arrive, il a sondé les décors et il est parti. Il y a un fait qui se dégage dès lors de ceci; quatre hommes sont présents là : Puygelier et Robin, Martre, qui vient ensuite, et le pompier André. Eh bien! De ces quatre hommes quel est celui qui est resté le dernier à son poste? C'est celui-là même que vous accusez de l'avoir déserté. C'est André ! Voilà le fait matériel ! Robin a disparu; Martre est arrivé et a dit : « Il n'y a rien à faire », et il est parti. Puygelier est allé contribuer au sauvetage de son gilet, et vous connaissez le dialogue qui s'est engagé entre lui et André:

« Où allez-vous ? » dit le pompier. « Qu'est-ce que cela peut vous faire ? » répond Puygelier qui n'aime pas l'uniforme, vous savez pourquoi.

Et alors, celui que vous accusez est précisément celui qui est resté à son poste le dernier, au moment où le gaz était déjà éteint, ce qui indique le temps qu'avait duré l'incendie, et où la fumée remplissait déjà toute cette partie du théâtre. Il est donc resté à son poste : il y est resté le dernier.

Qu'a-t-il fait pendant ce temps ? Il s'est croisé les bras et il n'a rien fait ; voilà la théorie du ministère public ! Voyons, Messieurs, je ne comprends pas ! Voilà un homme, un pompier, qui est là à son poste, qui reste le dernier. qui voit le feu se déclarer et qui le regarde sans rien faire ! Et ceci ne semble pas invraisemblable, et ceci ne semble pas inadmissible au ministère public ? La déposition de Puygelier est là : il n'a rien vu faire. Mais le bon sens est là aussi qui proteste absolument. Il est certain qu'André n'a pas perdu la tête, d'abord parce qu'il connaît les incendies, parce que c'est un soldat solide au feu et que ce n'est pas le premier qu'il voit. Vous pouvez vous rappeler, vous qui connaissez les antécédents d'André, que le jour où le feu se déclarait à l'hôtel de *la France*, il s'est jeté courageusement dans la cave pleine de fumée, qu'il y est tombé asphyxié et qu'on l'a porté au Val-de-Grâce où il est resté très longtemps malade. André n'a donc pas peur et il ne perd pas la tête. Il est donc absolument vraisemblable qu'il a dû faire quelque chose. Eh bien, qu'a-t-il fait ? C'est à lui qu'il faut le demander. Voyons ce qu'il a dit à l'instruction :

« J'étais posté sur le premier cintre côté jardin, tout près de l'endroit où le feu a pris. J'ai vu, à 4 mètres de moi, environ, une bande d'air, représentant des feuilles, flotter et s'enflammer à une herse ; le gaz était à son niveau ordinaire et je n'ai pas remarqué que le décor fût plus bas que de coutume. Il y avait un machiniste à 3 ou 4 mètres de moi ; quand il a vu le feu il est parti. J'ai déroulé mon appareil et j'ai lancé de l'eau en haut. Je suis resté là pendant 3 ou 4 minutes, la fumée m'a aveuglé, j'ai filé le long du mur, sur mon pont, et j'ai pris la porte du lointain jardin : je n'ai pas aperçu mon sergent et je ne l'ai pas entendu. Je suis descendu, je suis entré un instant sur le plancher de scène. Je ne saurais dire s'il y avait encore du monde. En passant près du jardin lointain scène, je ne saurais dire si j'ai vu le pompier, mais l'établissement était allongé.

» D. — Vos souvenirs ne paraissent pas très précis : il résulte, en effet, de l'examen des lieux constaté par la photographie que l'établissement dont vous aviez la garde n'a pas été mis en mouvement.

» R. — Je ne saurais affirmer si j'ai développé mon établissement en plein, mais bien sûr j'en ai f.... en bas et l'eau est venue à la lance.

» D. — Le tuyau n'étant pas déroulé, comment avez-vous pu diriger un jet sur le feu ?

» R. — On le dirige quand même, mais on ne peut pas jeter autant d'eau que quand c'est développé.

» D. — Avez-vous tourné complètement la clef?

» R. — Je sais que j'ai été sur la clef, mais je ne saurais affirmer si je l'ai tournée complètement.

» D. — Avez-vous entendu les acteurs parler au public?

» R. — Oui, ils disaient qu'il fallait sortir lentement, que c'était un commencement d'incendie.

» D. — Lorsque vous êtes descendu, les acteurs parlaient encore?

» R. — Dans ce moment-là je n'ai pas fait attention, je ne puis pas le dire.

» D. — Les postes voisins ont-ils lancé de l'eau?

» R. — Je ne m'en suis pas préoccupé.

» D. — Avez-vous reçu des ordres de quelqu'un?

» R. — Non, je n'ai vu personne.

» D. — Les appareils des avant-scènes ont-ils lancé de l'eau sur votre point?

» R. — Je n'ai pas vu de l'eau à ce moment-là; je n'en ai pas reçu.

» D. — A quelle hauteur au-dessus de vous se trouvait le décor qui brûlait?

» R. — Il était au-dessous de moi, à peu près à mes pieds. Avant d'aller à mon appareil j'avais été sur le faux-pont au-dessus du décor pour essayer de couper les fils qui le tenaient avec mon couteau. Je n'ai pas pu et c'est ensuite que je suis revenu à mon appareil; il n'y avait ni croissant, ni éponge.

» D. — Vous êtes vous occupé de fermer le gaz de la herse?

» R. — Non, je ne connais pas de consigne pour cela. »

Voilà sa première déclaration. A l'audience il l'a répétée, vos souvenirs sont précis.

« J'étais à mon poste. Je regardais partout.

» Quand je me suis aperçu du feu, j'ai pris la perche croyant le croissant au bout.

» Je suis monté sur le pont volant pour faire tomber le décor. J'ai été rabattu par la fumée et les flammes.

» J'ai développé et je me suis porté pour attaquer le feu, j'ai été envahi par la fumée.

» Le gaz s'est éteint, j'ai battu en retraite. »

Voilà la raison d'André. Est-elle exacte? Il me faut d'abord établir le premier point, c'est qu'il est monté sur le faux-pont, qu'il a essayé de faire tomber le décor, que, pour cela, il s'est servi d'une perche. Vous savez, Messieurs, quels sont les accessoires que possèdent les pompiers. Leur établissement comprend, indépendamment de l'établissement d'eau, de la lance, du

seau d'eau et de l'éponge placée à côté de ce seau, une hache et une grande
perche au bout de laquelle est emmanché un croissant très aigu qui peut
servir à couper une corde ou un lambeau de décor. Ce jour-là il n'y avait ni
éponge ni croissant, le croissant était en réparation. André n'a donc pas pu
se servir du croissant, mais il s'est servi d'une de ces perches que les machinistes emploient pour séparer les décors quand ils s'enchevêtrent les uns
dans les autres; il déclare avoir pris cette perche, être monté à son échelle
et avoir essayé en frappant sur le décor de le faire tomber sur la scène. Malheureusement il n'y avait pas de croissant et ses efforts, par conséquent, ne
pouvaient pas être très utiles. Encore faut-il que je prouve qu'il a voulu le
faire et qu'il a employé son temps à cela pendant un instant. Tout d'abord,
ce ne peut pas être Robin que l'on avait envoyé chercher Martre et qui n'a
pas reparu. Ce ne peut pas être davantage Puygelier, puisqu'il a dit qu'il
n'avait pas été sur le faux-pont. Ce n'était pas d'ailleurs un machiniste qui
aurait fait cette manœuvre, et vous savez pourquoi, la discussion vous a
prouvé qu'elle était inutile puisque le décor, retenu par des faux cordages,
était, en outre, emmanché sur une perche plus large que la scène et aurait
été forcément maintenu à sa hauteur. C'est donc un homme étranger au
théâtre, ignorant de l'efficacité ou de l'inutilité de cette manœuvre qui devait
la tenter. Eh bien, en réalité, c'est André qui l'a faite; il a grimpé cette
échelle, il est monté sur le faux-pont, peut-être pas bien loin, mais il y est
monté, et là, avec un bâton, il a essayé de faire tomber le décor et pour s'en
convaincre il suffit, Messieurs, de lire simplement les dépositions des témoins.

Bouladon, choriste :

« Je me trouvais sur la scène au moment où on a vu le feu. Des débris
de toiles enflammées sont tombés. Je suis resté pendant un instant. Il m'a
semblé que du haut du cintre quelqu'un cherchait à faire tomber une toile,
mais le feu s'est développé avec une telle rapidité qu'il n'y avait plus qu'à
s'en aller. »

Privat, choriste :

« J'étais sur la scène comme choriste : je n'ai pas vu prendre le feu : je
me suis aperçu seulement de ce qui se passait par les flammèches qui sont
tombées sur la scène. A ce moment j'ai aperçu dans les frises deux bras qui
tenaient un crochet pour tâcher de couper le décor : une partie a été déchi-
rée. J'ai entendu le craquement, mais aussitôt le feu s'est répandu partout. »

Il y a donc eu un homme qui a tenté de faire tomber le décor. Quel était
cet homme ? C'était un pompier.

Fromentin, choriste :

» J'ai aperçu le casque d'un pompier à travers les frises et j'ai vu sa
main qui cherchait à écarter les toiles, ce qui a plutôt activé le feu. »

Mais il me semble, Messieurs, que la preuve est faite; ces témoins vous ne les avez pas eu à votre audience, c'est regrettable ; il eût été peut-être plus utile de les entendre que les parents des malheureuses victimes, qui n'assistaient pas à l'incendie et qui ne connaissent la catastrophe que par la mort de ceux qui leur tenaient au cœur. Eux qui ont vu un fait si net, si précis et qui importait à un si haut point à la défense du prévenu, on ne les a pas cités, je le regrette.

Mais parmi ceux-là mêmes que vous avez entendus ici, Augé, le choriste dit :

« J'étais en scène. J'ai vu un bras avec un crochet qui cherchait à faire tomber un carré ; il est tombé mais le feu a continué. »

M. Soulacroix :

« J'ai entendu un murmure dans les chœurs. Je lève les yeux et vois un commencement d'incendie qui s'est propagé très rapidement. Il y avait beaucoup de décors.

» J'ai vu un bruissement dans les frises, des gens qui essayaient de faire tomber le décor, mais le feu s'est propagé tout de suite. »

Vous avez entendu, enfin, M. Collet, cet architecte qui a gardé tant de sang-froid pendant la catastrophe :

« J'ai vu tomber successivement un lambeau, large comme la main, puis un autre de la grandeur d'un chapeau, puis un autre large comme un parapluie.

» C'est alors que je me suis levé pour partir. »

C'étaient les lambeaux qui tombaient successivement pendant que le sapeur, dont un choriste a vu le casque, essayait, avec son bâton, de faire tomber le décor sur la scène.

Voilà donc le premier emploi de son temps et voilà un fait prouvé.

Il a déclaré, à l'instruction, qu'il était monté sur le faux-pont et qu'il avait essayé de faire tomber le décor, on l'y a vu ; on a vu les flammes reluire sur son casque, c'est donc André qui était là et ce ne pouvait être que lui.

Mais le feu gagne, et il n'est pas resté longtemps là-haut ; il a été obligé de sauter à bas de l'échelle et de retomber sur le cintre, il a couru à son établissement, il a ouvert la branche de boisseau, c'est-à-dire le robinet, il a déroulé cet appareil et il a voulu jeter de l'eau sur le feu.

Ah ! pour le coup, ceci est absolument inadmissible, m'objectera-t-on, et comme le disait M. l'Avocat de la République, il y a l'appareil que l'on a retrouvé enroulé et qui est un témoin muet et irrécusable de l'inaction du pompier.

Ceci est bien singulier ; mais écoutons donc ce que disent les experts dans leur travail :

« Il n'a pas développé son établissement. Les photographies après l'incendie montrent les boyaux encore accrochés à leur support. Nous avons, au moyen d'échelles, constaté que les boyaux existaient, après l'incendie, dans toute leur longueur; nous avons mesuré environ 11 mètres de boyaux enroulés. Le robinet était ouvert. C'est à cette circonstance qu'il faut attribuer la préservation de ces boyaux ; l'eau les parcourait. »

Par conséquent, la partie enroulée est de 11 mètres. Quelle est donc la longueur réglementaire des tuyaux et des garnitures? Elle ne varie pas, il y a deux modèles, l'un de 20 et l'autre de 16 mètres. André avait donc. soit 20 mètres, soit 16 mètres de tuyaux. Que voulez-vous? Je fais même à la prévention cette concession que la garniture d'André était du petit modèle; elle avait toujours 16 mètres au moins, les experts ont trouvé 11 mètres enroulés; il y en avait donc 5 de déroulés. Ils pendaient et la photographie le représente. Il a donc déployé 5 mètres. Avait-il besoin d'en déployer davantage? Non! Le feu à éclaté à quelques mètres de lui, il a tout de suite pris une énorme intensité, il suffit de saisir deux arceaux de tuyau, de les jeter à terre et de se porter au point d'attaque.

Que voulez-vous qu'il fasse? Qu'il jette à terre ses 16 mètres? Qu'il aille jusqu'au bout de son cintre pour développer l'appareil en entier? Qu'il s'en revienne après avoir sérieusement évité les coudes pour se porter ensuite au point d'attaque avec sa lance, sur ce plancher embarrassé de cordages, qu'il perde une ou deux de ces minutes si précieuses? Mais vous lui auriez fait de cette manœuvre un grief, et vous lui auriez dit: Comment? Pourquoi, lorsqu'il suffisait de jeter à terre 5 à 6 mètres de tuyaux, pourquoi tout ce temps perdu? Et vous le lui auriez reproché, non sans raison.

Il a jeté à terre 5 mètres de tuyaux, il s'est porté au point d'attaque et il a ouvert le robinet de son appareil. Voyez la photographie, c'est exact ce que je dis là. L'eau a-t-elle circulé dans le tuyau? Oui, vous le savez d'autant mieux que le rapport du colonel précise quels sont les établissements que l'on a fermés le lendemain, parce que l'eau tombait encore sur la tête des travailleurs; on est descendu dans l'égout barrer les eaux. Eh bien, l'établissement d'André était un de ceux dans lesquels l'eau coulait; c'était un de ceux qui gouttaient encore. Enfin, en réalité, c'est la présence de l'eau dans l'appareil qui a empêché l'incendie de le détruire.

Il est donc certain qu'André a été à son établissement, qu'il a ouvert sa branche de boisseau, plus ou moins complètement (parce que c'est assez dur à ouvrir une branche de boisseau), et que, faisant tomber 5 mètres de son appareil il s'est porté au point d'attaque. Voilà ce qu'il a fait, et il était inutile de développer davantage son appareil, c'eût été perdre du temps et voilà tout; il n'avait besoin que de déployer ce qu'il a déployé pour se porter au point d'attaque du feu qui était à côté de lui et qui l'entourait déjà.

Il l'entourait tellement qu'il a bientôt été obligé de battre en retraite; il se dégageait alors de ce brasier une fumée épouvantable, âcre, étouffante, produite par la combustion de toutes ces toiles peintes à l'huile et enduites de colle. Des torrents de flammes se précipitaient sur lui avec un bruit et une violence épouvantables. Un témoin a dit qu'il a entendu l'incendie ronfler comme un train passant sur un pont de fer. La température était terrible, cette température qui s'est élevée, au dire des médecins, à 1,800 ou 2,000 degrés dès le début de l'incendie.

Eh bien, André est là le dernier, à son poste; il est envahi par la fumée, entouré par les flammes, rôti par cette chaleur terrifiante, et c'est lui, beaucoup plus que le témoin entendu dans l'instruction, qui peut dire : « qu'il a eu l'enfer devant les yeux ». Il a été obligé de battre en retraite, et il n'a battu en retraite que quand la force des flammes et la fumée l'ont chassé de son poste. Les forces humaines ont une limite.

Ah! Messieurs, le ministère public sent bien que là est l'argument capital; aussi il se débat et vient nous dire : « Mais non, l'incendie n'a pas eu la rapidité que vous lui attribuez, il n'a pas eu cette violence foudroyante que vous invoquez pour votre défense; sans doute le temps n'a pas été long, mais vous avez eu 4 ou 5 minutes à vous », et il vous cite, Messieurs, les témoignages d'Auger, de Lacroix, qui disent: « cela a duré de 4 à 5 minutes », de Groux, de Brunot qui, avec une excellente lorgnette, suivait les artistes en scène, causait avec son frère et est parti.

Que voulez-vous? les impressions varient à ces moments. C'est un phénomène fréquent et, quand on est en présence du danger, le temps est long même pour ceux qui savent ce que c'est qu'un incendie. M. le colonel des pompiers me le disait lui-même : « J'étais un jour le premier à un feu, j'attendais, je trépignais et je me disais : mais les pompiers n'arrivent pas, mais qu'est-ce qu'ils font? Les minutes me semblaient des heures. » Eh bien, ils sont arrivés régulièrement après le temps matériel qu'il avait fallu pour atteler les pompes; il ne s'était pas rendu compte du temps et le temps lui avait semblé aussi long qu'à Auger, à Lacroix, à Groux et à Brunot.

Mais véritablement ce temps n'a pas dû être bien long, un fait le prouve. Vous aviez dans la salle 8 pompiers, des machinistes, acteurs, figurants, etc., je ne sais pas combien, 55 ou 60 peut-être. Or, ces gens-là sont tous d'un tempérament différent; ils ne manqueront pas tous de courage au même moment, le sang-froid ne les abandonnera pas tous à la même minute, ils vont se servir de leurs établissements! Eh bien, non! Personne, personne n'a combattu l'incendie! Expliquez cela si vous le pouvez; expliquez ce phénomène! il n'est pas admissible que sur 60 hommes pas un n'ait eu de courage, qu'aucun n'ait rien fait, s'il en avait eu le temps matériel.

Personne cependant n'a agi, ç'a été une fuite et une défection générales, et pourquoi? Parce qu'il y avait un feu qui a pris avec une rapidité effrayante, peut-être invraisemblable, mais vraie cependant, avec une rapidité telle qu'elle a brisé tous les efforts, toutes les défenses, toutes les résistances.

Mais non seulement c'est une réalité, Messieurs, mais il suffit de consulter les témoignages pour s'en rendre compte. A côté des quatre ou cinq témoins que cite le ministère public pour prouver que l'incendie a duré cinq minutes, je vous en citerai cinquante qui disent tous que l'incendie a pris avec une rapidité épouvantable et telle que l'imagination a peine à le concevoir.

Je prends parmi les choristes :

Femme Voinchet, choriste (182) :

« C'était d'abord bien petit, mais tout de suite cela s'est répandu avec un sifflement. Nous n'osions pas bouger de crainte d'inquiéter la salle, mais enfin le feu s'étendant de plus en plus comme une *trainée*, j'ai traversé la scène et je suis sortie. »

Fonvielle, choriste (176) :

« Je me trouvais en scène, lorsque mon attention a été éveillée par une sorte de murmure dans le personnel des choristes, surtout du côté des dames ; levant les yeux en l'air, j'ai aperçu de la fumée, puis une trainée de flammes. *En moins de temps que je n'en mets à vous le raconter, toutes les frises étaient en feu.* »

Bouladon, choriste (180) :

« Je me trouvais sur la scène au moment où on a vu le feu. Des débris de toile enflammée sont tombés ; je suis resté pendant un instant. Il m'a semblé que du haut du cintre quelqu'un cherchait à faire tomber une toile, mais le feu s'est développé avec *une telle rapidité qu'il n'y avait plus qu'à s'en aller.* »

Augé, choriste :

« En un instant tout a pris comme *une trainée de poudre.* »

C'est celui-là même qui dit que l'incendie a duré cinq minutes ; quelle étrange contradiction !

M. Doutreban, capitaine de la garde républicaine :

« Le feu s'est développé avec une *rapidité foudroyante* et il ne s'est pas passé plus de trois minutes entre l'instant où les premières étincelles sont tombées et l'extinction du gaz. »

Le même témoin, à l'audience, a dit :

« Depuis la chute des premières étincelles jusqu'à la chute de la poutre, il a pu se passer une minute ou une minute et demie. Le feu s'est développé avec une rapidité extraordinaire et qu'on ne peut pas se figurer. »

Brasseur, choriste (230) :

« J'ai remarqué en même temps une bande d'air effilée par le service qui ballottait entre les toiles ; à cet endroit qui est tout à fait au milieu de la scène, il y a une masse de plafonds, de frises serrés les uns contre les autres. Tout à coup, la bande d'air dont je viens de parler s'est mise à *carbo-niser sans faire de flammes*, c'est là où de petites étincelles sont tombées sur la scène; puis, *au même instant* le feu a éclaté dans toute la longueur *comme une vraie fusée*. Cela s'est mis *à ronfler comme un feu de cheminée*. »

Où sont-elles vos cinq minutes?

Les choristes femmes: femme Domingues (164) :

« Je me trouvais en scène, sur le praticable, derrière Mlle Merguillier; en levant les yeux au niveau du troisième plan qui était au-dessus de nous, j'ai aperçu une toile qui balançait; elle ne flambait pas encore, mais elle était déjà toute rouge par le feu et laissait tomber des flammèches ; c'était sous les frises au milieu de la scène.

» Je suis sortie bien tranquillement croyant qu'on allait éteindre le feu, mais *pendant le peu de temps que j'ai mis à traverser la scène pour sortir par la porte de la rue Favart, toutes les frises se sont enflammées*. »

Demoiselle Gay (166)

« J'ai vu tout à coup, en levant les yeux, comme un *feu d'artifice* dans les frises. »

Demoiselle Bettini :

«J'étais sur la scène quand j'ai vu tomber des flammèches, j'ai regardé en l'air, j'ai vu *les frises en feu*. »

M. Soulacroix :

« J'ai aperçu sur la scène deux choristes qui levaient les yeux en l'air; j'ai regardé aussitôt, j'ai cru d'abord que c'était quelque herse qui était tombée comme c'était arrivé quelques jours avant, mais j'ai vu, je crois, sur le second plan, une bande d'air qui prenait feu sur une largeur de 50 centimètres environ, mais *aussitôt tout s'est embrasé comme un véritable feu d'artifice*. »

M. Bernard, régisseur :

« J'ai entendu du bruit derrière moi, j'ai cru d'abord qu'un choriste se trouvait mal, puis une petite flammèche est tombée des cintres. Je n'ai pas pensé qu'il y eût lieu de faire descendre le rideau; je ne croyais pas que l'incendie prendrait de si grandes proportions. Je me suis adressé au public avec Taskin, j'ai dit: Ne vous tourmentez pas, restez, il n'y a pas de danger. Mais, en me retournant, j'aperçois une énorme flammèche. Alors, connaissant le théâtre, sachant qu'il y avait *500 becs de gaz* dans les cintres, je me suis dit, pardonnez-moi l'expression: Nous sommes f...us.

» Je n'ai songé qu'à arrêter l'affolement du public en disant: «Sortez doucement, il n'y a pas de danger pour la salle.

» J'ai voulu ensuite m'en aller, mais les rideaux du fond sont tombés derrière moi, je suis revenu à la place qu'occupait Taskin, côté cour, le gaz s'est éteint; j'étais dans une obscurité relative: *tout cela avait duré pas plus d'une minute et demie*.

» Le vent soufflait du nord et rabattait dans la salle, j'avais l'enfer devant les yeux... »

Et M. Taskin, lui-même, vous n'avez pas oublié sa déposition :

« J'étais en scène, côté cour, j'ai entendu un mouvement sur la scène parmi les choristes et les figurants ; nous achevions de chanter le grand ensemble qui suit la danse des bohémiennes ; il devait être entre 9 heures 4 minutes et 9 heures 7 minutes. J'ai levé la tête au-dessus de moi, il n'y avait rien encore, mais du côté jardin j'ai vu tomber des frises, comme une pluie d'or très fine, des parcelles de décors effrités, il y a eu une panique dans la salle... »

Il raconte alors qu'il a rassuré le public, il a prononcé les quelques paroles que vous savez.

« Mais pendant ce temps, le feu avait gagné petit à petit du côté jardin ; des débris enflammés et un objet d'un certain poids étaient tombés sur la scène ; alors, il y a eu un affolement général, une véritable débandade et toute la foule s'est ruée vers les issues.

» Le gaz s'est mis au bleu... j'ai quitté la scène...

» Il a pu s'écouler *de 40 à 50 secondes* environ entre le moment où j'ai vu tomber la pluie de feu et celui où j'ai quitté la scène. »

40 ou 50 secondes, où sont-elles vos cinq minutes !

Et il y a un fait encore plus probant, c'est celui du choriste Auger. Il était en scène sous la herse, c'est lui vraisemblablement le premier qui a vu le feu se déclarer.

« Je me suis dit : Il me faut deux minutes pour monter chercher mes effets. J'aurai le temps. Je suis monté au quatrième ; j'ai dit aux habilleurs : Sauvez-vous, il y a le feu.

» Mais quand j'ai voulu descendre, il ne m'était plus possible de ressortir de ma loge ; la chaleur et la fumée m'en empêchaient. »

Il a été bloqué dans la loge, et j'ai posé la question au témoin : « Quand vous avez monté vos quatre étages, avez-vous couru ? » « Comme un homme qui a le feu sur les talons ! » m'a-t-il répondu.

Où sont-elles vos cinq minutes, M. l'avocat de la République ?

Il y a eu, c'est absolument certain, un incendie qui s'est déclaré avec une rapidité véritablement inouïe, absolument invraisemblable, vraie pourtant, et il y a, Messieurs, dans le rapport du colonel, un passage que je veux vous mettre sous les yeux :

« Le temps de développer un établissement sans même pouvoir retourner au robinet pour l'ouvrir ou le temps de monter au premier pont et d'en redescendre a suffi pour l'embrasement général de la cage de scène, à partir du moment où les sapeurs ont eu connaissance de l'endroit précis du feu ; on peut l'évaluer de 30 à 45 secondes. On n'a donc pu projeter de l'eau

par les lances les plus voisines du foyer ; on n'a pu se servir des autres..... »

Ah ! j'entends bien qu'ici, quand il s'est trouvé en présence de cette
déposition si nette, M. l'avocat de la République, en comprenant bien la
gravité, s'est demandé si l'honorable chef de corps, ce sont ses propres expressions, ne s'était pas un peu exagéré le souci de ses hommes et de l'honneur du corps ? Non ! quand il s'est présenté à cette barre, le colonel savait
la portée et le sens des paroles qu'il prononçait ; il savait qu'il venait ici
à ses risques et périls, et il y avait peut-être du courage à dire des vérités
aussi dures et à viser aussi haut. On ne l'ignore pas, quand on est militaire,
on sait à quoi on est exposé quand on frappe à ces hauteurs ; mais M. le
colonel Couston a dit ce que lui commandaient l'honneur, sa conscience et
son devoir. Il a défendu ses hommes, il a dit toute la vérité à qui qu'elle
pût être désagréable, il l'a dite, sa conscience ordonnait, il a obéi.

Mais il y a encore plus, Messieurs, le rapport de M. le docteur Brouar-
del. Ce n'est pas le souci de défendre l'uniforme ou l'honneur d'un corps,
c'est le souci de la vérité qui l'anime ; écoutez ce qu'il dit :

« La température probable de l'atmosphère dans l'intérieur de l'Opéra-
Comique a-t-elle pu, dès le début, atteindre un degré assez élevé pour rendre
possible la mort par la chaleur ? Je n'en doute pas. Lorsque le feu prend
dans les frises d'un théâtre, dans des décors soumis pendant des mois à une
température qui atteint parfois le soir 60° à 70°, toute l'eau qui entre dans
les bois a disparu ; celui-ci devient à l'état roux, il prend feu presque par
explosion, comme les poussières de farine dans un moulin, comme les poussières de charbon dans les mines, au contact d'une flamme. La température
au foyer initial, d'après M. Sarran, ingénieur en chef des poudres et salpê-
tres, doit varier entre 1,800 et 2,000 degrés centigrades.

» Tout s'enflamme en un instant ; les gaz de la combustion soumis à une
pareille dilatation n'ayant pas d'issue par la scène, envahissent la salle. Ce
fait est bien démontré... »

C'est le fait d'un journal que vous pliez, dont vous faites une cloche,
et que vous mettez au-dessus d'un verre de lampe et qui prend feu par
explosion. Telle a été la rapidité de cet incendie, et le pompier a battu en
retraite parce que le feu ne pouvait plus être combattu utilement, parce qu'il
a compris que dans son impuissance il avait un autre devoir à remplir, le
premier devoir du pompier quand il n'est plus le maître de l'incendie, con-
courir aux sauvetages. Et il est parti.

Vous avez entendu M. le sous-lieutenant Gilbert, vous lui avez demandé
son appréciation sur la conduite d'André ; il vous a répondu : « A sa place,
j'en aurais fait autant », et il connaît André, il l'a vu au feu de *la France*, il
est compétent en matière d'incendie. Il est compétent aussi en matière de

courage, cet officier, cité à l'ordre du régiment pour avoir sauvé sept personnes à l'incendie de la rue Saint-Denis et huit à l'Opéra-Comique, dont
quatre sur les combles de la place Boïeldieu.

André était entouré par les flammes, il a battu en retraite. Sa mort était
certaine à ce moment, aussi certaine qu'inutile. Il était contraint de partir et
il est parti, le dernier, dans la fumée, après l'extinction du gaz. Il n'avait
plus le choix des issues; la preuve, c'est qu'il a pris le premier escalier
qu'il a rencontré, celui de la cage de scène, un escalier en bois tournant.
sorte d'échelle de meunier qu'on vous a dépeint, quand il avait, au lointain,
un autre escalier, plus large, plus aéré, plus sûr. Il est parti très calme, très
maître de lui, il n'était pas affolé, tellement que cet homme qui a quitté
son poste le dernier, au moment où il descendait à tâtons cet escalier de
bois, a entendu une plainte, un gémissement vague, il n'a plus songé à se
sauver, il est allé vers le point d'où partaient ces cris, il a senti un homme
évanoui, il l'a chargé sur ses épaules et l'a descendu. Voilà le déserteur!

Il avait tellement peu perdu la tête qu'en arrivant sur la place, il a vu
une femme affolée qui allait sauter par une fenêtre. Il lui a crié de ne pas
s'effrayer, il a pris une échelle, est monté et a descendu cette femme. Puis,
les détachements voisins sont arrivés, il s'est effacé, il a participé à l'œuvre
commune, il a pris sa part des 211 sauvetages opérés ce soir-là par le régiment...

A partir de ce moment sa tâche est finie, il est rentré dans le rang.

Dans cette minute si brève qui a eu la rapidité de l'éclair, avec les
moyens absolument nuls dont il a disposé, impuissant contre cet ennemi
terrible, voilà ce qu'il a fait; j'estime qu'il a fait son devoir.

Vous avez parlé de faute, où est-elle? Où est-elle cette négligence?
Quelle imprudence lui reprochez-vous? A quel règlement n'a-t-il pas obéi?
Ah! sa faute, c'est d'avoir été à l'ennemi sans armes et de n'avoir pas triom-
phé; la voilà sa faute!

Eh bien! à côté de cette faute, que ses chefs qui sont premiers juges,
lui ont déjà pardonnée, il y en a une autre, qui n'est pas une faute, celle-là,
mais un crime; c'est la faute des pouvoirs publics, à qui ce péril épouvantable était signalé depuis des années, qui n'ont rien fait et qui, pas même
éclairés par la leçon sanglante que la fatalité leur a donnée, n'ont rien fait et
ne font encore rien aujourd'hui.

Voilà les coupables! Voilà l'incurie, la négligence, l'indifférence, si ce
n'est pas l'incapacité criminelle! Voilà les coupables! Où sont-ils? Je les
cherche sur ces bancs et je ne les y vois pas. Le ministère public ne les y a
pas amenés!

Vous avez parlé d'exemple, Monsieur l'Avocat de la République, eh bien!

soit, parlons-en, et voyons maintenant quel exemple donnerait à l'opinion publique la condamnation d'André à la prison?

Le public se dirait qu'il y a à Paris un régiment de sapeurs-pompiers choisis dans tous les régiments de France, parmi les hommes les plus forts, les plus honnêtes et les plus courageux, rompus par un entraînement quotidien et douloureux à toutes les fatigues et à tous les exercices du corps, héros prêts à tous les dévouements, qui l'année dernière ont éteint 2,497 incendies, c'est-à-dire, marché au feu plus de six fois par jour et sauvé plus de soixante personnes, qui, le soir venu, après une journée bien remplie, quand l'heure du repos a sonné pour tous, s'en vont au théâtre, non pas comme vous disiez, en dilettanti, en spectateurs non payants, mais en soldats, à leur poste, dans les cintres, au milieu des cordages et des décors, avec une température de 60 ou 70 degrés, exposés aux courants d'air mortels, et à cette tuberculose qui à elle seule tue plus de 50 hommes par an au régiment, héros de vingt-trois ans à qui on demande de l'adresse, de l'agilité, de la force, du calme, du sang-froid, du courage, de l'héroïsme et qui en donnent... tout cela pour 29 sous par jour !

Il se dirait encore, ce public, que quand éclate un de ces sinistres épouvantables, un de ces incendies terribles qui défient les forces et les prévisions humaines, on en demande raison, non pas à ceux qui l'ont facilité, préparé par leur incurie, leur faute ou leur négligence, mais au pompier, à l'humble, au vulgaire pompier, cette dupe héroïque.

Voilà ce que penserait ce public, et lui qui n'a pas, comme moi, Messieurs, l'honneur de vous connaître, il se dirait, il pourrait se dire, du moins, que la justice humaine est aussi dure aux humbles qu'indulgente aux puissants du jour !

Paris. — imp. CHAIX (Succ B), rue de la Sainte-Chapelle, 5. — 4441-7.

www.ingramcontent.com/pod-product-compliance
Lightning Source LLC
LaVergne TN
LVHW021658170726
843501LV00007B/2634